Debido a la tormenta

Jennifer Degenhardt

This book's story and characters are fictitious. Names, characters, and incidents are the products of the author's imagination. Any resemblance to actual persons is purely coincidental. The immigrant journey to the United States and the struggles experienced, however, are very real.

Copyright © 2018 Jennifer Degenhardt

All rights reserved.

ISBN-13: 978-1-7322780-0-4
ISBN-10: 1-7322780-0-8

For all of the immigrant children who arrive in the
United States unaccompanied, this story is for you.

índice

Capítulo 1	1
Artículo	3
Jóvenes migrantes: el empuje	
Capítulo 2	4
Capítulo 3	6
Capítulo 4	8
Artículo	10
Jóvenes migrantes: la atracción	
Capítulo 5	11
Capítulo 6	13
Capítulo 7	16
Capítulo 8	18
Capítulo 9	21
Artículo	23
Jóvenes migrantes: la Migra y la frontera	
Capítulo 10	24
Capítulo 11	26

Capítulo 12	28
Artículo	30
Jóvenes migrantes: el gobierno estadounidense	
Capítulo 13	31
Capítulo 14	35
Artículo	37
Debido a la tormenta: el Huracán Mitch	
Capítulo 15	38
Capítulo 16	41
Artículo	43
Jóvenes migrantes: el sistema educativo	
Capítulo 17	44
Capítulo 18	47
Poema	51
Canción de la luna fantasma	
Glosario	53

AGRADECIMIENTOS

To my friend, José Salazar, who has helped me with every single one of my books in some fashion: I could not do this book—polishing and publishing thing without you. Please know how much I value your intellect, your opinion and your editing skills, but above all, your friendship.

Thank you to Jen Lighty and Finishing Line Press for the permission to reprint the poem, "Ghost Moon Lullaby," but more so to Jen, for trusting me to represent her work well.

Thank you to Ava Swann and Scarlett Helmecki, both 6th grade students (at the time of publishing) at the Sanford School in Hockessin, Delaware, for their beautiful artwork, which only helps to tell the story. I'm as delighted to showcase their talents as I am for their willingness to share them. Thank you, too, to Jennifer McKay, their teacher, for being the conduit through which I'm able to receive such gifts.

Capítulo 1

Estoy en la casa. Mi madrina me habla.

—Andrés, necesito ir al mercado. Voy a volver en unos momentos.

No respondo. No digo nada.

La madrina sale de la casa y estoy solo. En la sala con un juguete. Juego con el juguete y espero a la madrina.

Tengo 4 años.

*****

Vivo con la madrina en San Pedro Sula, Honduras. Estoy aquí mucho tiempo. Mis padres no están. La madrina dice que ellos están en los Estados Unidos. Lejos de aquí. No entiendo.

La madrina es simpática, pero quiero a mis padres. Quiero estar con ellos.

La madrina y yo vivimos en una casa muy pequeña en la ciudad. No tenemos mucho dinero. Pero la casa tiene teléfono. Mi madrina siempre me dice, —Andrés, no contestes el teléfono. Es prohibido.

A veces el teléfono suena. La madrina contesta. Lo toma y dice, —Hola. Después de unos segundos ella habla otra vez. Es un misterio para mí.

Un día le pregunto, —Madrina, ¿qué haces?
—Hablo con una amiga —me dice. —Pero tú no debes tocar el teléfono.

*****

Un día cuando mi madrina está en el mercado, el teléfono suena.

No está nadie en la casa. Sólo yo.

Tomo el teléfono y digo, —¿Hola?

Hay una persona que me habla por teléfono. La voz dice, —¿Andrés? ¿Eres tú?
—Sí.

Es mi mamá. No le hablo por mucho tiempo.

LA VOZ

| Vol. 7 No. 12 | Serrano, Arizona | 19 marzo 2018 |

Jóvenes migrantes: el empuje

Hay muchos niños y jóvenes que están dejando sus países en Centroamérica para ir a los Estados Unidos. A veces ellos viajan solos. Las razones por ir son diferentes en cada país, pero en los países del triángulo norteño (El Salvador, Guatemala y Honduras) hay muchos problemas.

En todos esos países existen problemas económicos. Hay violencia también en Honduras por la inestabilidad de la situación política. Pero también hay mucha violencia. La violencia existe a causa de las pandillas como la Marasalvatrucha (MS13) y Calle 18 en El Salvador. Estos grupos hacen difícil las vidas para todas las personas, demandando dinero por la protección. Pero, también usan a los niños. Los niños sirven como "los ojos" de las pandillas, buscando la policía y otros oficiales.

La situación es una de desesperación. Los jóvenes quieren ir a otra parte. No es posible vivir entre tanta violencia y problemas.

Capítulo 2

No veo a mi mamá por más de dos años. Ella está lejos con mi padre. —Está trabajando —me dice la madrina. Y por eso necesito vivir con mi madrina.

Mi madrina es una amiga de mis padres. Ella no tiene hijos. Vivo con ella cuando mis padres fueron a los Estados Unidos. Mi papá fue primero. Un año más tarde fue mi mamá también.

La madrina me quiere mucho. —Tú eres mi hijo —me dice. Pero ella no es mi mamá. Quiero estar con mi mamá.

*****

Ese día cuando mi madrina está al mercado hablo con mi mamá por teléfono.

—Andrés. Necesitas escucharme bien. Si tú quieres verme otra vez, necesitas escuchar.

Es un milagro que hablo con mi mamá por teléfono ese día, y claro, la escucho bien.

Mi mamá me dice que hay un plan. El plan es que una tía va a venir a la casa para visitarnos un día. Mi mamá me dice, —Cuando la tía se va de la casa, tú necesitas llorar y decir que quieres ir con ella a su casa. Su casa está en Quebrada Seca, cerca de San Pedro Sula.

*****

Llega el día de la visita de mi tía. Cuando va a la puerta para salir, yo lloro, —Tía, quiero visitar a mi abuelo. Quiero ir contigo.

Lloro mucho. Mi madrina habla mucho con mi tía. Por fin, la madrina dice que puedo ir con la tía por tres días.

*****

Tres días llegan a ser tres meses. Mi madrina me quiere y ella viene mucho a Quebrada Seca para recogerme, pero no voy con ella.

Vivo con mi tía y mi abuelo.

Capítulo 3

Vivo en una casa con mi abuelo y los hermanos y hermanas de mi mamá. Ellos tienen 12 a 17 años. No hay mucho espacio en la casa. Estoy bien, pero quiero a mi mamá. No hablo con ella por mucho tiempo.

Un día, voy a la casa de otra tía para vivir. No sé por qué. Ella tiene un esposo y un hijo mayor. No quiero vivir con ellos, pero yo no hago las decisiones. Tengo 5 años.

No me gusta mucho vivir con estos tíos. La tía es antipática y el hijo también. El esposo de la tía es bueno, pero él trabaja y no lo veo mucho.

*****

Un día todo cambia. La tía llora y grita mucho. No digo nada, pero escucho mucho. Ella usa las palabras "morir" y "muerto." El tío ya no está vivo. Está muerto.

Después de ese día, la situación en la casa es horrible. Mi tía está muy triste. Ella me trata mal. Su hijo me trata mal también. No me quieren, pero quieren el dinero.

—Andrés, no te quiero. Estás en esta casa por el dinero.
—¿Qué dinero? —le pregunto. Tengo 6 años y no entiendo.

—Tus padres me dan dinero para cuidarte —ella me dice, —pero no es bastante.

Pienso mucho en sus palabras. Todo no es bueno.

Mi tía va de "vacaciones" mucho, por una o dos semanas. Ella siempre sale de la casa unos días después de hablar con mis padres. ¿Va para recibir el dinero? ¿Por qué va por muchos días?

Cuando ella se va estoy solo en la casa con su hijo.

Él me abusa. Es horrible.

*****

Un día estamos en la casa, la tía, su hijo y yo, pero hay un problema y ellos necesitan salir de la casa. En ese momento decido escaparme. Corro seis millas rápido para llegar a la casa de mi tía abuela, la tía de mi mamá.

Tengo seis años.

Capítulo 4

Llego a la puerta. Estoy cansado y sucio. También estoy preocupado. La otra tía y su hijo me buscan.

Toco la puerta de la casa. La tía de mi mamá me habla:

—Andrés, ¿por qué estás aquí?

Entro en la casa y explico la situación.

—Tía, me abusan en la otra casa. Me pegan. Me dicen que soy horrible y que nunca más voy a ver a mi mamá.

La tía me abraza y me da una soda.

—Cálmate, Andrés. Todo va a estar bien.

Duermo unas horas y luego, el teléfono suena. Es un milagro. Mi mamá llama de los Estados Unidos. Por la primera vez en mucho tiempo, le hablo.

—Mami, quiero verte. Te amo y te extraño.

*****

Mi madre habla con su tía por mucho tiempo. Hacen un plan. Voy a viajar a los Estados Unidos con otra tía, la hermana menor de mi mamá.

—Andrés, necesitas escucharme. Necesitas hacer todo que te digo como antes —dice mi mamá.

En esa conversación, mi mamá me explica que voy a viajar para verla. Voy a caminar por México con su hermana para llegar a los Estados Unidos.

—Pero, Andrés. Escucha. Si tienes un problema con los oficiales necesitas decirles que viajas a los Estados Unidos para ir a Disneylandia. Tú necesitas decir que quieres ver a Mickey Mouse, a Minnie Mouse y a Donald Duck.

—Está bien, mami. ¿Por qué?

Mi mamá me explica que los oficiales van a ser más simpáticos con un niño inocente.

En dos semanas, mi tía y yo empezamos el viaje.

Soy joven y voy a dejar Honduras, mi país.

LA VOZ

Vol. 7 No. 13 | Serrano, Arizona | 26 marzo 2018

Jóvenes migrantes: la atracción

A veces las circunstancias empujan a los niños desde sus países nativos, como la violencia y la situación económica. Pero hay también razones que los atraen salir de esos países para viajar tan lejos de donde nacieron.

Una razón muy importante es el deseo de estar con la familia que ya está en los Estados Unidos. Muchas veces los padres dejan a sus niños en sus países de origen para ir al "otro lado." Y cuando se establecen en los EE.UU. y los niños son mayores, quieren reunir uno al otro. De hecho, un tercero de los niños que cruzan la frontera para entrar en los EE.UU. tiene por lo menos uno de los padres en el país.

Todavía, la otra atracción de intentar el viaje al norte es la idea popular que las leyes estadounidenses son menos severas para los niños. Para esos jóvenes que quieren escapar de su realidad en países como Honduras, Guatemala y El Salvador, vale la pena tomar el riesgo.

Capítulo 5

El viaje por México es muy largo. Mi tía y yo caminamos mucho. Muchos días y muchas horas al día. Estamos cansados. Hablamos poco. Pero cuando hablamos, le hago muchas preguntas porque sólo tengo seis años y soy preguntón:

¿Cómo son los Estados Unidos?
¿Vamos a Disneylandia de verdad?
¿Por que me trataron mal a la otra casa?

Mi tía, la hermana menor de mi mamá, tiene 17 años. Ella es mayor que yo, pero no sabe mucho.

Los Estados Unidos es un país muy grande. Hay muchas oportunidades allí.
Algún día, sí, vamos a Disneylandia.

y

Andrés, tu otra tía no te quiere. Ella tiene problemas. No importa.

Es difícil escuchar la respuesta. Sí ellos no me quieren, ¿me quieren mis padres? Le hago otra pregunta:

—¿Mis padres me quieren? —le pregunto.
—Claro, Andrés. Tus padres te aman con todo el corazón. Vamos a verlos pronto.

Estoy feliz. Tengo seis años y voy a ver a mis padres.

Scarlett Helmecki, grade 6

Capítulo 6

La tía y yo caminamos mucho. Con la ayuda de otras personas, pasamos tiempo en casas diferentes en México. Mi tía me explica:

—Andrés, estamos en México ilegalmente. No tenemos permiso de estar en el país.
—¿Es por qué estás nerviosa? —le pregunto.
—Sí, Andrés. Necesitamos llegar a la frontera en una semana. Un guía nos espera para ayudarnos cruzar.

Caminamos por cuatro semanas. Estamos cansados. Un día llegamos a una casa de unos gringos para pasar dos noches. El coyote, o sea, el guía llega pronto para tomar el grupo a la frontera.

A la casa hablo con una chica guatemalteca. Ella es joven y viaja sola.

—Hola —le digo. —Soy Andrés. ¿Cómo te llamas?
—Hola. Soy Isabel. ¿Cuántos años tienes, Andrés?
—Tengo seis años. En tres meses voy a cumplir siete. ¿Y tú?
—Tengo 12 años —me dice.
—Voy a Estados Unidos para ver a mi mamá. ¿Dónde está tu mamá? —le pregunto.
—Mi mamá está en Nashville. No la veo por mucho tiempo —me explica.

—No veo a mis padres tampoco. Quiero verlos —le digo.

Isabel y yo hablamos mucho en la casa de los gringos. Ella es muy simpática.

Una noche hay un problema. La policía llega a la casa. Todos los migrantes, incluyendo mi tía, Isabel y yo, tenemos que ir en un cuarto secreto. Esperamos allí por muchas horas. La situación es grave. Muchos hombres gritan. Es necesario no decir nada, pero hay otro problema: Isabel no está en el cuarto con nosotros. Tengo miedo. No debo hablar, pero pregunto a mi tía:

—¿Y la Isabel?
—Shhhhhh —me dice. —No hables.

Estoy preocupado. Después de un tiempo largo, me escapo de ese cuarto para buscar a mi amiga. La encuentro en otra parte de la casa. Está mal. Hay mucha sangre por la cara y otras partes del cuerpo.

—Isabel, ¿qué te pasó? —le pregunto
—Me atacaron —me dice.

No entiendo mucho, pero estoy triste. Vuelvo al cuarto secreto para decirle a mi tía. Quiero ayudarle a Isabel, pero mi tía no lo permite. Ella está nerviosa. Preocupada. No salimos del cuarto por muchas horas más. Y no veo más a mi amiga, Isabel. Estoy triste.

Es difícil entender la situación.

Capítulo 7

Continuamos el viaje a la frontera. Mi tía dice que necesitamos cruzar. No sé qué necesitamos cruzar, pero me imagino que es algo grande. Todos los adultos hablan de "la frontera" como algo espantoso y mencionan que los oficiales de la Migra son monstruos. No sé qué es la Migra, pero no me gustan oficiales.

Tengo miedo, entonces pienso en otro viaje: el viaje eventual a Disneylandia.

Llegamos a un motel para pasar la noche. Vamos a cruzar el río mañana. El Río Bravo. El río separa México de los Estados Unidos. Mi tía me habla:

—Andrés, descansa. Duerme bien. Vas a necesitar mucha energía para mañana.
—Está bien, tía. Tú también.

Estoy en el suelo durmiendo cuando oigo un ruido. Muchas personas gritan. No veo nada, pero oigo la voz de un hombre:

—Ven con nosotros. Si no, vamos a vender al chico a los Zetas.

Los hombres hablan con mi tía. Ella me dice,
—Andrés, no te muevas.

No me muevo. Por mucho tiempo no me muevo. No sé dónde está mi tía, pero no me muevo.

Finalmente, mi tía regresa a donde estoy. Está sucia y está llorando. Hay sangre por la boca.

—Tía... —le digo.

Quiero hablar más, pero ella no quiere. Sólo me pregunta, —¿Necesitas usar el baño? Vamos.

Mi tía me cuida por mucho tiempo. Yo quiero cuidarla también, pero no sé cómo.

Capítulo 8

Pasamos dos días más a esa casa. Mi tía no habla. No dice nada. Sus ojos están tristes. Estoy triste también. Trato de hablar con ella:

—Tía, ¿qué piensas? ¿Vamos a ver a Donald Duck cuando cruzamos la frontera?

Tengo seis años, pero yo sé que no vamos a ver a Donald Duck inmediatamente cuando entramos en los Estados Unidos. Pero quiero ver una sonrisa de mi tía. Ella está mal.

Mi tía no responde a mi pregunta, sólo dice, —Andrés, más tarde vamos a salir para cruzar el río. Tienes que prepararte. Es muy importante prestar atención. Tienes que escucharme.

—Sí, Tía. Te voy a escuchar.

*****

Por la tarde un hombre llega a la casa para llevarnos al río. El hombre es joven, pero no es simpático. Tomo la mano de mi tía y caminamos con las otras personas a dónde está el bote de motor que vamos a usar para cruzar el río de un lado al otro.

El hombre habla con todos nosotros y nos da una instrucción muy importante:

—No importa que pasa, el objetivo es llegar al otro lado para estar en los Estados Unidos. Si te caes del bote, nada al otro lado. No pares. Llega al otro lado.

Somos un grupo pequeño de cinco personas: cuatro adultos y yo. Subimos al bote. El hombre guía el bote al otro lado. El agua del río está turbulenta. En un momento me siento el viento en la cara desde el bote y en otro momento estoy en el río.

No sé qué pasó. Tengo miedo, pero, recuerdo las instrucciones del coyote. Tomo mi cuerpo y nado al otro lado.

Ava Swann, grade 6

Capítulo 9

Yo sé nadar bien. Muy bien. En Quebrada Seca en Honduras, pasaba mucho tiempo en el río con mis tías y otra familia. Doy gracias a Diós que puedo guiar mi pequeño cuerpo de 6 años al otro lado del este río.

El agua está muy turbulenta y es difícil nadar. Uso mis brazos y mis piernas para ayudarme. No veo a mi tía. Sólo pienso en las instrucciones del coyote: llega al otro lado.

No sé dónde está el bote con el coyote. Tampoco veo a las otras personas de mi grupo.

Hay mucho ruido también. Muchas personas gritan: las personas en el río y las personas en las dos orillas. Hay ruido de unos helicópteros también, pero no lo oigo. Sólo oigo el ruido del río. Necesito llegar al otro lado.

No veo nada más que el otro lado del río. Miro una parte donde no hay muchos árboles. La área está clara. Quiero llegar allí. Estoy concentrándome tanto en nadar bien que no veo a los hombres. Son hombres de la patrulla fronteriza. Oficiales de los Estados Unidos.

Después de una eternidad, llego al otro lado. Estoy cansado. Exhausto. Uno de los oficiales llega donde estoy.

—Oye. No te muevas —me dice.

Miro a su cara. Es joven, delgado y no muy alto. Tiene un sombrero, pero veo que tiene pelo negro. También tiene un bigote y una barba. Es similar a todos los hombres en México. En Honduras también. ¿Es oficial de los Estados Unidos? ¿Cómo? No es gringo, pienso.

No me muevo. Otra vez me habla —Ven conmigo —me dice.

El hombre habla español. Entiendo el español, pero no entiendo por qué él lo habla. Voy con el hombre.

—¿Mi tía? —le digo al hombre, preguntando dónde está.

—La tenemos en otra parte. Vamos a la estación.

Cuando veo a mi tía, la abrazo fuerte. Los dos caminamos por días. Aún semanas. Estamos cansados, pero vivos. Ella de 17 años y yo con mis 6, llegamos a los Estados Unidos por fin.

LA VOZ

| Vol. 7 No. 16 | Serrano, Arizona | 16 abril 2018 |

Jóvenes migrantes: la Migra a la frontera

A veces unos niños cruzan por el río, y otros cruzan por el desierto. Se dice que experimentan mucho trauma por el viaje duro, pero también por ver muchos cuerpos de personas que murieron en el viaje.

Inmediatamente al llegar, los niños mexicanos están deportados otra vez a México. Pero cuando la Migra captura a los niños centroamericanos, los llevan a los albergues donde los separan de los adultos que también son capturados. Esos albergues son campuses grandes con escuelas y canchas de deportes, pero son más como prisiones porque los niños sólo pueden salir para citas con los médicos u otros terapeutas.

La mayoría de estos albergues existen en los estados que tienen frontera con México en áreas lejos de las ciudades grandes, pero hay en otros estados también. Esos jóvenes que llegan solitos son casi invisibles en el país enorme de los Estados Unidos.

Capítulo 10

Estoy cansado del evento en el río y todo el viaje. Mi tía también está cansada. Caminamos al vehículo de la migra. El oficial habla:

—Súbanse. Vamos a la estación.

Mi tía me ayuda subir la camioneta y vamos a la estación.

*****

Hace sol y hace calor, pero tengo frío. Estoy nervioso. Tengo miedo también. Bajamos de la camioneta y entramos por la puerta de la estación. Estoy en los Estados Unidos. Un milagro.

Veo a muchas personas en uniformes verdes y cafés. Muchas de las personas en la estación se ven como el oficial que me tomó del río: son morenos con pelo negro y ojos castaños también. Iguales que yo. ¿Realmente estoy en los Estados Unidos?

En ese momento otra oficial, una mujer, me mira y me habla:

—Siéntate. ¿Cómo te llamas?
—Soy Andrés —le digo.
—Hola, Andrés. ¿Cómo estás? —me pregunta la oficial.

—Bien.

No quiero decir mucho porque estoy nervioso.

—¿Cuántos años tienes Andrés? —me pregunta la mujer.
—Seis años —le respondo.
—¿De qué país eres?
—Soy de Honduras. Mi pueblo se llama Quebrada Seca —le digo.
—Y Andrés, ¿adónde vas? —la mujer oficial me pregunta.

La pregunta. He practicado la respuesta a esta pregunta por muchas semanas. En ese momento recuerdo bien que me dijo mi mamá.

—Voy a Disneylandia. Voy para ver a Mickey Mouse y Donald Duck.

Veo una sonrisa en la cara de la oficial. Ella es simpática. Cuando le doy esta información, no estoy nervioso más.

—Bueno, Andrés, vamos a ayudarte porque necesitas llegar a Disneylandia. Mickey Mouse te espera allí.

Capítulo 11

Los oficiales llaman a mis padres. Ellos vienen para recogernos, pero mía tía y yo tenemos que pasar unos días en un centro de detención. En el centro hay muchas personas: mujeres, hombres y muchos niños también. No estoy con mi tía. Estoy con otros niños. Normalmente me gusta jugar con otros niños, pero no juego con nadie allí. Estoy contando los momentos hasta ver a mi mamá. No la veo por muchos años. Sólo le hablo por teléfono.

Después de tres días, un oficial viene al cuarto donde estoy.

—Ven. Están aquí para recogerte.

Salgo del cuarto. El oficial me acompaña a otra sala. Allí está la vista más bella del mundo: mi mamá. No la he visto por casi cinco años. Mi corazón está lleno con mucho amor. Tengo tantas emociones que no la respondo cuando me habla.

—Andrés. Ven, m''hijo. Cuanto te amo.

Hay otras personas en el cuarto. Mi papá está, mi tía y muchos oficiales de la patrulla fronteriza, o sea, la Migra. Pero sólo me enfoco en una: mi mamá. He soñado con este día por muchos años.

Con una timidez, camino adónde está mi mamá y la abrazo. Me siento completo.

No sé qué pensar. El sueño de antes...ahora es real.

Capítulo 12

Mi tía y yo pasamos unos días más en el albergue en Texas. Veo a mis padres cada día mientras ellos hablan mucho con los agentes de la migra. Necesitan organizar muchos documentos y papeles oficiales antes de regresar a Connecticut.

Mi mamá y yo hablamos mucho. Por cuatro años sólo le hablaba por teléfono. Yo tenía muchos sueños de mi mamá y ahora estoy con ella.

—Andrés, mañana vamos a ir en carro a Connecticut.

—Ok, mami. ¿Qué es Conn—ect…? Es imposible pronunciar esa palabra.

—Conn—EC—ticut. Es un estado de los Estados Unidos. Es donde vivimos. Vivimos en un pueblo que se llama…

Interrumpo la frase de mi mamá con una pregunta. Ahora que estoy con mis padres, tengo muchas preguntas. —Mami, ¿vamos a regresar a Quebrada Seca?

—No, m'hijo. Ya no vivimos allí. Vivimos aquí en los Estados Unidos.

—Mami, ¿vamos a la casa nueva mañana?

—Vamos a ir a la casa. Vamos a estar en el carro por unos días. Está lejos de aquí.

Tengo muchas preguntas, pero la conversación termina cuando mi papá llega al salón. Él nos habla.

—Rosalinda, me dice que podemos salir mañana. Tengo todos los documentos. Tenemos que hablar con un abogado cuando llegamos a Connecticut.

No entiendo la conversación. Y no entiendo las otras conversaciones con los oficiales porque hablan inglés. No sé inglés. Yo sé unas palabras en inglés como "*hello*" y "*thank you*," pero no puedo hablar. Es difícil.

Mi papá me habla. —Andrés. Ven.

Mi papá me da un abrazo y me pregunta —¿Estás listo para ir a la nueva casa?

No conozco a mi papá. No lo veo por mucho tiempo. No sé qué decirle. Estoy feliz de estar con mi mamá, pero estoy nervioso también.

Le contesto con solo una palabra, —Sí.

Pero, ¿es verdad? ¿Estoy listo?

LA VOZ

| Vol. 7 No. 19 | Serrano, Arizona | 7 mayo 2018 |

Jóvenes migrantes: el gobierno estadounidense

La cantidad de niños menores de edad que llega a los Estados Unidos presenta un problema grande al gobierno federal. No existen recursos adecuados para mantener todas esas nuevas personas. En los albergues, tienen que alimentar a los niños, educarlos y encontrar a unos familiares que ya viven en el país. Pero, también es necesario averiguar que estos familiares son de la familia verdadera y no sólo quieren tomar a los niños por razones malas, como traficantes de humanos.

Lo bueno para los niños es que el gobierno federal no puede deportarlos sin tener un caso en la corte (para prevenir el traficar de los niños), pero lo malo para los EE.UU. es que no hay bastante dinero para servirles a estos niños bien.

Capítulo 13

En el carro a Connecticut veo mucho: muchos más carros, muchas tiendas enormes y también vehículos en el cielo. Pero no sé cómo se llaman.

—¡Mami!, ¿qué son? —le pregunto mirando al cielo.

—Son aviones.

—¿Aviones? —le pregunto. Todavía no entiendo. No he visto "aviones" en mis seis años (aunque voy a cumplir siete pronto).

—Aviones son como autobuses en el cielo. Transportan a las personas.

Estoy fascinado. Por el resto del viaje miro por la ventana del carro, buscando aviones.

*****

Después de otro viaje largo en el carro, llegamos a Connecticut. Todavía no puedo pronunciar esta palabra bien.

Estoy en el apartamento un día jugando cuando mi mamá me dice —Andrés, mañana vas a entrar en la escuela.

Pienso en la escuela en Quebrada Seca. Me gustaba la escuela y me gustaba la maestra.

—Bien, mami. Me gusta la escuela.

*****

La nueva escuela no es similar a mi escuelita en Quebrada Seca. Es muy diferente. Sí, hay muchos estudiantes, pero sólo hay dos estudiantes similares a mí. Se llaman Carlos y Catalina. Hablo mucho con ellos, porque hablan español. Los otros estudiantes hablan inglés. No sé inglés. Inglés es difícil.

Todos los días estoy en la clase. Trato de entender. Los números son fáciles y aprendo bien. Pero cuando leemos y practicamos las palabras, estoy muy frustrado. No puedo leer. La profesora me ayuda, o trata de ayudarme, pero ella no habla español.

Me dice, —*House. This word is house.*

En el papel veo una foto de una casa con la palabra "*house*" al lado. Le digo —Casa. Es una casa.

—*House* —ella repite.

Ya sé leer en español y leo bien. Leo y pronuncio la palabra "O—u—se," pero la profesora repite, "jOu—s." Todos los otros niños en la clase trabajan, leen, dibujan. No puedo. Me frusta mucho la clase.

Un día por la tarde, llego a casa de mal humor.

—Buenas tardes —dice mi mamá.

No le digo nada a mi mamá, mi persona favorita en el mundo. Camino directamente a mi cama y empiezo llorar. Lloro mucho. Me siento mucha frustración.

Mi mamá es una persona muy calmada. Después de unos minutos ella viene al cuarto y me habla con mucho cariño, —Andrés, ¿estás bien? ¿Qué te pasa?

No quiero hablar con mi mamá. No quiero hablar con nadie. No quiero regresar a la escuela. No quiero estar en los Estados Unidos. No quiero estar aquí con mi familia. Quiero estar en Honduras. Quiero hablar español. Quiero estar con mis amigos en mi escuelita. Quiero…

—¿Andrés? Ella viene a la cama y se sienta. Me toca la cabeza y me pregunta otra vez —Qué te pasa?

Después de llorar por unos minutos más, le explico todo lo que pasó en la escuela ese día. Le digo que es muy difícil, que no me gusta y que no quiero regresar.

Mi mamá me escucha bien. Cuando termino de hablar, ella me dice, —Andrés, tú eres muy inteligente. También tú eres muy creativo, simpático y diligente.

—¿Diligente? ¿Qué es? —le pregunto.

—Tú sabes trabajar. Tienes la determinación para hacer lo que quieres en la vida.

—Pero, Mami… El inglés es muy difícil.

—Hijo, todo en la vida es difícil al principio. Si tú quieres leer en inglés, tú vas a leer en inglés. Tienes que estudiar, pero lo puedes hacer.

Mi mamá me pide un abrazo y yo se lo doy. Amo a mi mamá y ella me ama a mí.

*****

El próximo día llego a la escuela con una nueva determinación: voy a leer en inglés y lo voy a hablar también.

Al fin del año escolar, después de estar en los Estados Unidos por ocho meses, leo y hablo muy bien el inglés. Tengo siete años.

Capítulo 14

Los años pasan. Vivo feliz con mi familia: mis padres y mi hermano menor. Mi hermano nació en los Estados Unidos. Es estadounidense.

Durante los años en la primaria, estudio mucho en la escuela y a la casa. Siempre hago la tarea en la cocina cuando mi mamá prepara la cena. Un día ella prepara carne asada y hablamos. Estoy en quinto grado y hago tarea de ciencias sobre desastres naturales: los tornados, los huracanes, los terremotos.

—Mami, ¿sabes de los desastres naturales?

—Sí, Andrés. Claro. ¿Por qué me preguntas? —me pregunta mi mamá.

—Los estudiamos en la clase de ciencias —le digo. —¿Qué sabes de ellos?

Vivimos en una parte de los Estados Unidos que no tiene un clima muy fuerte. Sí, hay las cuatro estaciones y hace mucho calor en el verano y mucho frío (¡con nieve!) en el invierno. Pero, por la mayor parte, no hay tiempo duro.

—Hijo, es por un huracán que estamos aquí en los Estados Unidos —me explica mi mamá.

—¿Cómo?

Mientras mi mamá sigue preparando la comida, me explica del evento del Huracán Mitch que ocurrió cuando yo tenía sólo un año y que le causó salir de Honduras.

LA VOZ

Vol. 7 No. 21 — Serrano, Arizona — 21 mayo 2018

Debido a la tormenta: el Huracán Mitch

En octubre de 1998 pasó el Huracán Mitch. La tormenta trajo 25 pulgadas de lluvia que causó destrucción en varios países de Centroamérica. Diez mil personas murieron y casi tres millones se quedaron sin casa.

Destruyó la infraestructura y la economía de esos países. La gente quedó sin casas y sin trabajos, y esos países no tenían los recursos para ayudar a la gente. Con la situación grave en Honduras y Nicaragua, más los reportajes de los medios de comunicación de EE.UU. que daban estatus de protección temporal a las personas afectadas. Muchas personas empezaron a salir de sus países, buscando trabajo en otros lugares para poder mandar dinero a sus familias.

Capítulo 15

Por muchos años todo va muy bien para mí y para mi familia. Casi olvido del abuso y las experiencias tortuosas en Honduras durante esa época horrible de mi vida. Estoy contento y feliz.

Asisto a la escuela y entro un programa especial para los niños inteligentes en la ciudad. Soy buen estudiante. Les impresiono a mis profesores mucho. Participo en muchos concursos y gano unos premios. El primer año del colegio gano el premio de primer lugar en una feria de ciencias. !Primer lugar en todo el estado! Estoy súper feliz cuando me avisan. La directora del colegio me llama a su oficina para contarme.

—Andrés, felicidades. Me avisaron que ganaste el premio de primer lugar en todo el estado para tu experimento.

—Gracias, Señora. ¿Qué gané? —le pregunto.

—Es una beca de diez mil dólares a una universidad privada en el estado —me dice la directora.

—¡Wow! Fenomenal. Gracias.

No sé qué pensar. Diez mil dólares. Es muchísimo dinero. Y para la universidad. Hablo mucho con mis padres sobre la universidad y cómo quiero asistir. Ellos apoyan mis sueños y les encantaría ayudarme, pero la verdad es que la universidad cuesta mucho dinero. Y eso no es el único problema.

*****

Un día hablo con mi mamá.

—Andrés —me dice. —No sé si puedas asistir a la universidad. No tenemos dinero.

—Pero, con el premio que gané... —le digo. —Y puedo tomar unos préstamos para asistir a esa universidad.

—Andrés, no. Pregunté a una mujer en el banco y ella me dice que no sea posible. No eres ciudadano de este país.

Estoy muy frustrado. —¿Qué? ¿No puedo entrar en la universidad porque no nací aquí?

—No es así. Sí, puedes asistir sin los documentos oficiales, pero tienes que tener el dinero para pagarla porque no existe ayuda financiera para los indocumentados.

—¿Ni para los DREAMers? —le pregunto a mi mamá.

Refiero a la Ley DREAM (Development, Relief and Education for Alien Minors Act) donde el gobierno estadounidense da la oportunidad de asistir a la universidad a ciertos jóvenes.

—Mami, ¿por qué estudio tanto en el colegio y por qué tomo tantas clases difíciles si no voy a poder continuar de estudiar en la universidad?

—Andrés, con calma. No te enojes. Vamos a encontrar una solución.

Normalmente mi mamá me calma mucho con su amor. Las corazonadas - los actos instintivos - que ella ha hecho por mí hasta ahora en mi vida me han ayudado mucho. Con mucha angustia hace años, me dejó en Honduras para buscar trabajo en los Estados Unidos. También arregló mi salida, o escape, del país y todo el trámite para llegar aquí. Mi mamá me ama, eso es cierto. Y yo la amo también, pero ese día estoy furioso.

Capítulo 16

Diariamente sigo con la lucha, la lucha de mis estudios y la lucha de ser indocumentado. Han pasado 10 años, una década, desde que llegué a los Estados Unidos.

Por fin llego al último año del colegio. Como todos los otros años, tomo clases difíciles. Ese semestre estoy en la clase de cálculo avanzado (AP). Estudio mucho. Me gustan las matemáticas y las sé bien, pero no entiendo por qué mis notas en los exámenes son malas. Hablo con un amigo en la clase.

—Oye, Charlie. ¿Qué respuesta sacaste para #12? ¿Y #23? —le pregunto.

Charlie me dice sus respuestas y me enseña su examen. Yo también tengo las mismas respuestas, pero la profesora las marcó incorrectas. Cuando le pregunto sobre mi examen, la respuesta que me da me sorprende. Y me enfada.

—Tienes suerte de estar en esta clase. Debes estar agradecido por la oportunidad de aprender con los otros estudiantes.

Aunque no lo dice, entiendo perfectamente lo que quiere decir: soy indocumentado y ella piensa que no merezco estar en la clase.

*****

Ese incidente pasa al principio del año escolar y me afecta mucho. Otro que me afecta es ver a mis amigos aplicando a las universidades.

Las preguntas son las mismas cada día:

—Andrés, ¿a cuántas universidades te aplicas?
—¿Adónde quieres asistir?

Es un rito que pasa en todos los colegios en todas partes de los Estados Unidos, pero es un rito en que no puedo participar. Les respondo con unas respuestas vagas y unas sonrisas falsas.

Me siento triste. Todo el trabajo que he hecho hasta ahora y ¿para qué?

Me siento deprimido.
Empiezo faltar la escuela.
No asisto.
No puedo levantarme de la cama.
Estoy muy mal.

¿Qué me pasará?

LA VOZ

| Vol. 7 No. 23 | Serrano, Arizona | 4 junio 2018 |

Jóvenes migrantes: el sistema educativo

El sistema educativo, igual que el gobierno federal estadounidense, no tiene muchos recursos para todos los niños y jóvenes que llegan al país primero y luego a las escuelas, porque aquí en los EE.UU. es ley que todos los niños tienen que asistir a la escuela.

Estos jóvenes llegan con cicatrices de la pobreza o la violencia, o las dos. Además estos estudiantes llegan constantemente durante el año escolar estadounidense, las escuelas necesitan ofrecer muchos servicios y apoyarlos con cursos de aprendizaje de inglés: ESL, psicólogos, y profesionales bilingües. Pero, como con cualquier asunto emocional, hay personas que creen que no se debe gastar los recursos de impuestos para la educación de estudiantes que llegan al país ilegalmente.

Capítulo 17

Por meses casi no puedo funcionar. Pierdo tantos días de la escuela que me expulsan. No hago nada. NA-da. La vida pasa - la mía también - pero no participo en ella. Es la depresión. Estoy muy mal. Aunque no quiero morirme, ni dañarme, tampoco quiero vivir. No sé qué hacer.

Mi mamá sabe qué hacer. Las mamás siempre saben.

—Andrés, levántate. Ya es hora para ir al médico. Una señora a mi trabajo me dio el nombre de un psicólogo que te va ayudar.

No quiero ir, pero no tengo buen argumento para mi mamá entonces me levanto, me baño y me visto para visitar al doctor.

La sesión con el Dr. Rosado es muy buena. Él me da la oportunidad de explicarme después de hacerme unas preguntas básicas. Hablo sobre los problemas que tenía en el colegio, con los amigos y con mi profesora de matemáticas. No quería hablar con él al principio pero, después de empezar, no puedo parar de hablar. Le cuento todo que me ha pasado en la vida.

El Dr. Rosado me escucha bien, sin decir mucho. Me siento muy cómodo hablando con él porque no me para de hablar. Me escucha. Me siento un alivio. La presión se me escapa. Por la primera vez en meses, me siento humano otra vez.

Hacemos planes para otras sesiones, una vez a la semana. Aunque no estoy feliz, estoy mejor. La vista está aclarando.

*****

Mi papá llega a la casa esa noche y le hablo sobre la cita con Dr. Rosado. Mi papá siempre llega cansado a la casa porque crea un nuevo negocio en nuestra ciudad. Su compañía está para abrir en dos meses. Cada día mi papá va a su trabajo a un restaurante local donde cocina todo el día, y por la noche hace el trabajo necesario para abrir su propio negocio. Mi papá trabaja duro.

—Hola Papá, ¿qué tal tu día? —le pregunto.

Mi padre me mira sorprendido. Es la primera vez que le saludo en mucho tiempo y se nota el cambio. Me saluda también.

—¿Cómo estás, Andrés? Me alegro verte hoy. ¿Pasó algo? —me pregunta mi papá.

Normalmente cuando hablamos, es sobre asuntos superficiales. No nos acostumbramos hablar mucho sobre problemas de la vida, pero yo sé que se preocupa por mí.

—Hoy fui hoy a hablar con un terapeuta. Fue bueno. Hablamos mucho. Me siento mejor —le digo.

Mi padre es muy tradicional y un poco cerrado. No es una persona fría, pero yo sé que es sospechoso de médicos en general, entonces no sé cómo interpreta la información.

Pero, se nota que le hablo y quiero hablarle más, entonces continúa la conversación.

—Está bien, Andrés. Está muy bien para ti.

—Papá, me has pedido muchas veces antes, pero... ¿puedo ayudarte con la compañía?

Ahora mi padre entiende que hizo la cita con el Dr. Rosado para mí ese día. Con la idea de poder dejar el cargo de mis pensamientos con el terapeuta y con ideas de cómo puedo seguir en la vida, quiero participar otra vez en la vida. Y mi padre está feliz.

—Sí, hijo. Me gustaría que trabajes conmigo.

Y, atípicamente, me abraza — y fuerte.

Capítulo 18

Un año más pasa. Tengo sesiones con Dr. Rosado cada semana y estoy trabajando con mi padre. Vamos cada día a donde está el negocio para hacer la construcción necesaria y hacer otros planes. Ya no tengo tanta depresión como antes, pero todos los días pienso en el colegio y el título que no recibí.

Estoy trabajando un día cuando recibo un texto de un consejero del colegio. Dice:

> Soy Sr. Archer. ¿Cómo estás?
> Me cuentan que estás
> trabajando. Llámame por
> favor. Necesitamos hablar.

Inmediatamente las preguntas vienen:

¿Qué quiere?
¿Por qué me contacta ahora?
¿Por qué no me contactó antes?

Guardo mi teléfono en el bolsillo de mis pantalones y sigo con mi trabajo. Ese día estoy encargado de establecer toda la tecnología para el negocio, etc. Me gusta la tecnología y leo muchos libros sobre codificar. Después de trabajar por cuatro horas saco mi teléfono y le llamo.

«Hola, Sr. Archer. Le hablo, Andrés López. ¿Me llamó usted?»

«Sí, Andrés. ¿Cómo has estado? Siempre pienso en ti».

«Gracias, señor».

Hablamos un poco de mi vida ahora y lo que ha pasado en los varios meses desde que me fui del colegio.

«Andrés, ¿todavía quieres asistir a la universidad algún día? Quiero que pienses en terminar tus estudios para sacar el diploma del colegio».

«Señor, usted sabe que quiero continuar estudiar. Me encanta aprender. Pero sin los documentos oficiales de residencia, no puedo aplicar por unas becas, ni préstamos».

«Entiendo. Pero, paso a paso, ¿no? No vas a poder hacer nada sin el diploma del colegio. ¿Qué piensas en hacer eso primero?»

«Señor, trabajo todos los días. Tengo dos trabajos. No puedo dejarlos para poder asistir al colegio».

«Por eso quiero que termines tus estudios por el internet. Haces el trabajo cuando puedes».

*****

Y con esta conversación empiezo terminar mis estudios para tener ese diploma: el primer paso.

*****

No sé qué va a pasar en el futuro. El estatus DACA que tengo para poder trabajar va a expirar en unos meses y la situación legal puede cambiar. Quiero seguir las leyes del país, pero también quiero continuar trabajando. Desde que llegué a este país he querido estudiar en la universidad y por eso necesito dinero. Es difícil tener una situación en limbo, especialmente con el respeto al estatus "indocumentado." A veces me cuesta emocionalmente y mentalmente, pero recuerdo todas las experiencias que han contribuido a mi vida hasta ahora, los traumas y las alegrías, y sé que necesito seguir.

Y sigo.

Canción de la luna fantasma

Los niños frente a la cámara
no se quejan. No se dejan engañar
por el concreto o la falta
de las ventanas. Saben que
las fronteras no significan
nada para las fantasmas y que
si se duerman bajo la luna
se despertarán bajo un sol que
quemará la piel directamente
de su carne, dejándoles sin nada más
que huesos que ni siquiera
una madre reconocería.
Las guardias no entienden por qué
no intentan escapar.

Ghost Moon Lullaby

The children facing the cameras
don't complain. They're not fooled by concrete or
the lack of windows.
They know that borders mean nothing to ghosts
and that if they fall asleep under the moon
they'll wake up under a sun that will burn
the skin right off their flesh
leaving them with nothing but bones
not even a mother could recognize.
The guards don't understand
why they don't try to escape.

The original poem, "Ghost Moon Lullaby" was written by Jen Lighty, a poet, traveler, teacher and healer devoted to re-weaving intimate connections between people and Earth. She was also a classmate and friend of mine growing up - many moons ago. When she posted this poem on social media - her response to child immigration to the United States - I contacted her immediately knowing it would be a perfect addition to this story.

Having spent some time in Bacalar, México, Jen further developed her skills in Spanish and, in addition to allowing me to reprint her poem (first published in "Breaking Up With The Moon" by Finishing Line Press used with permission), she offered to translate it. Neither she, nor I, is a native speaker/writer/user of the language, so, as with everything borrowed, there are most likely imperfections, or differences of interpretations. And yet, the true message of the poem, with the language used, still remains.

Isn't that what language is all about?

Glosario

A

abogado - lawyer
abraza - s/he hugs
abrazo - hug
abrir - to open
abuela - grandmother
abuelo - grandfather
abusa - s/he abuses
abusan - they abuse
abuso - abuse
acción - action
aclarando - clearing
acompaña - h/she accompanies
acostumbramos - we accustom
acto(s) - act(s)
adecuados adequate
además - besides
adolescentes - adolescents
adónde - (to)where
adultos - adults
afecta - s/he, it affect(s)
afectadas - affected
agentes - agents
agradecido - thankful
agua - water
ahora - now
albergue(s) - shelter(s)
alegrías - happinesses
alegro - I make happy
  me alegro - I am glad
algo - something
algún - some
alimentar - to feed
alivio - relief
allí - there
alto - tall
ama - s/he loves
aman - they love
amiga - friend (f.)
amigo - friend (m.)
amigos - friends
amo - I love
angustia - anguish
año(s) - year(s)
antes - before
antipática - mean
apartamento - apartment
aplicado - applied

aplicando - applying
aplicar - to apply
apoyan - they support
apoyarlos - to support them
aprender - to learn
aprendizaje - learning
aprendo - I learn
aquí - here
árboles - trees
área(s) - area(s)
argumento - argument
arregló - s/he fixed
arte - art
artículo - article
asada - roasted
así - so
asistir - to attend
asisto - I attend
asunto(s) - issue(s)
atacaron - they attacked
atención - attention
atípicamente - atypically
atracción - attraction
aunque - though
autobuses - buses
avanzadas - advanced
avanzado - advanced
avanzar - to advance
aviones - planes
avisaron - advised
ayuda - s/he helps, help
ayudado - helped
ayudar - to help
ayudarme - to help me
ayudarnos - to help us
ayudarte - to help you

B

bajamos - we come down
banco - the bank (of a river)
baño - bathroom
barba - beard
barrios - neighborhoods
básicas - basic
beca(s) - scholarship(s)
bello - beautiful

bien - well
bigote - moustache
bilingües - bilingual
boca - mouth
bolsillo - pocket
bote - boat
bravo - fierce, brave
   el Río Bravo -the name given to the Río Grande River south of the U.S./Mexico border
brazos - arms
buen(o)(a)(s) - good
busca - s/he looks for
buscan - they look for
buscando - looking for
buscar - to look for

C

cabeza - head
cada - each
caen - they fall
cafés - brown
cálculo - calculus
calle(s) - street
calma - calm
calmada - calmed
cálmate - calm down
calor - heat
cama - bed
cambia - s/he changes
cambiar - to change
cambio - I change, change
caminamos - we walk
caminar - to walk
camino - I walk, path
camioneta - truck
campuses - campuses
canchas - sports fields
cansado(a)(s) - tired
cantidad - quantity
capital - capital
captura - s/he captures
capturados - captured
cara - face
cargo - weight, load
cariño - love, care
carne - meat
carro(s) - car(s)
casa(s) - house(s)
casi - almost
caso - case

castaños - dark brown
causa - s/he causes, cause
causó - s/he, it caused
cena - dinner
centro - center
Centroamérica - Central America
centroamericanos - Central Americans
cerca - close, near
cerrado - closed
chica - girl
chico - boy
cicatrices - scars
cielo - sky
ciencias - science
cierto - certain
cinco - five
circunstancias - circumstances
cita(s) - date(s), appointment(s)
ciudad(es) - city(ies)
ciudadano - citizen
claro(a) - clear
clase(s) - class(es)
clima - weather
cocina - kitchen
codificar - to code
colegio(s) - high school(s)
colonias - neighborhoods
comida - food
como - like, as
cómo - how
cómodo - comfortable
compañía - company
completo - complete
comunicación - communication
con - with
concentrado - concentrated
concursos - contests
confía - s/he confides
conmigo - with me
Connecticut - U.S. state in New England
conozco - I know
consejero - counselor
constantemente - constantly
contacta - s/he contacts
contactó - s/he contacted

contando - counting, telling
contento - happy, content
contesta - s/he answers
contestar - to answer
contestes - you answer
contesto - I answer
contigo - with you
continúa - s/he continues
continuamos - we continue
continuar - to continue
contribuido - contributed
conversación(es) - conversation(s)
corazón - heart
corazonadas - hunch, gut feeling
corro - I run
corte - court (legal)
cosas - things
coyote - smuggler of undocumented immigrants
crear - to create
creativo - creative
creen - they believe
creer - to believe
creo - I believe
crucemos - we cross
cruzan - they cross
cruzar - to cross
cuáles - which
cualquier - whichever
cuando - when
cuántas - how many
cuanto - how much
cuántos - how much
cuarto - room
cuatro - four
cuentan - they tell
cuento - I tell, story
cuerpo(s) - body(ies)
cuesta - it costs
cuida - s/he cares
cuidarla - take care of her/it
cuidarte - take care of you
culpa - fault
cumplir - to turn (as in years old)
cursos - courses

D

da - s/he gives

daban - they gave
D.A.C.A. - Deferred Action for Childhood Arrivals; U.S. immigration policy for undocumented youth brought to the U.S.
dan - they give
daño - harm
darme - give me
debe - s/he, it must
debes - you must
debo - I must
década - decade
decía - s/he said
decido - decided
decir - to say, tell
decirle - tell him, her
decirles - tell them
decisiones - decisions
dejan - they leave behind
dejar - to leave behind
dejarlos - to leave them
dejó - s/he left
delgado - thin
deportados - deported
deportarlos - deport them
deportes - sports
depresión - depression
deprimido - depressed
desastres - disasters
descansa - s/he rests
desde - since
deseo - wish, I wish
desesperante - desperate
desierto - desert
después - after
destrucción - destruction
destruyó - s/he, it destroyed
detención - detention
determinación - determination
día - day
diariamente - daily
diário - daily
días - days
dibujan - they draw
dice - s/he, it says
dicen - they say
diez - ten
diferente(s) - different

diferida - deferred
difícil(es) - difficult
digo - I say
dijo - s/he said
dile - tell him
diligente - diligent
dinero - money
dio - s/he gave
diós - god
diploma - diploma
directamente - directly
directora - director, principal
diseñar - to design
Disneylandia - Disneyland
doctor - doctor
documentos - documents
dólares - dollars
dolores - pains
donde - where
dónde - where
dos - two
doy - I give
duerme - s/he sleeps
duermo - I sleep
dura -I t lasts, takes time
durante - during
durmiendo - sleeping
duro - hard

E

economía - economy
económica - economic
económicos - economic
edad - age
educación - education
educarlos - educate them
educativo - educational
él - he
ella - she
ellos - they (m.)
emocionado - excited
emocional - emotional
emocionalmente - emotionally
empezamos - we begin
empezar - to begin
empezaron - they began
empieza - s/he, it begins

empiezo - I begin
empujan - they push
empuje - push
en - in, on
encanta - love
   me encanta - I love (as in, "I love to read")
encantaría - would love
   les encantaría - they would love (as in, "they would love to help me")
encargado - in charge
encontrar - to find
encuentro - I find
energía - energy
enfada - s/he angers
enfoco, me enfoco - I focus
enojes - you anger
enorme(s) - huge, enormous
enseña - s/he, it teaches
entender - to understand
entiende - s/he understands
entiendo - I understand
entonces - then, so
entramos - we enter
entrar - to enter
entre - between
entro - I enter
época - epoch, time period
eres - you (familiar) are
es - s/he, it is
esa - that
esas - those
escapar - to escape
escaparme - to escape
escape - escape
escapo - I escape
escolar - school (adj)
   año escolar - school year
escucha - s/he listens to
escuchar - to listen to
escucharme - to listen to me
escucho - I listened
escuela(s) - school(s)

escuelita - little school
ese - that
ESL - English as a Second Language
eso -that
esos - those
espacio - space
español - Spanish
espantoso - scary
especial - special
especialmente - especially
espera - s/he waits for
esperamos - we wait for
espero - I wait for
esposo - husband
esta - this
está - is
estaba - was
establecen - they establish
estación - station
estaciones - seasons
estado(s) - state(s)
estadounidense(s) - United Statesian (of the USA)
estamos - we are
están - they are
estar - to be
estás - you (familiar) are
estatus - status
este - this
esté - is
estos - these
estoy - I am
estudiamos - we study
estudiando - studying
estudiante(s) - student(s)
estudiar - to study
estudié - I studied
estudio - I study
estudios - studies
estuve - I was
eternidad - eternity
evento - event
examen - test
exámenes -tests
exhausto - exhausted
exigiendo - demanding
existe - exists
existen - they exist
experiencia(s) - experience(s)

experimentan - they experience
experimento - I experience
expirar - to expire
explica - s/he, it explains
explicarme - to explain myself
explico - I explain
expresa - s/he it expresses
expresar - to express
expulsan - they expel
extorcionándolas - extorting them
extraño - I miss

F

fáciles - easy
falsa - false
faltar - to lack
familia(s) - family(ies)
familiares - family members
fascinado - fascinated
favor - favor
   por favor - please
favorita - favorite
federal - federal
felicidades - congratulations
feliz - happy
fenomenal - phenomenal
feria - fair
   feria de ciencias - science fair
fin - end
final - final
finalmente - finally
financiera - financial
foto - photo
frase - sentence
frío(a) - cold
frontera - border
fronteriza - border (adj.)
   patrulla fronteriza - border patrol
frusta - frustrate
frustración - frustration
frustrado(a) - frustrated
fue - it was, s/he went, was
fueron - they went
fuerte - strong
fuerza - strength

fui - I went
funcionar - to function
furioso - furious
futuro - future

G

ganaste - you won, earned
gané - I won, earned
gano - I win, earn
gastar - to spend
general - general
gente - people
gobierno - government
gracias - thank you
grado - grade
grande(s) - big, large
grave - serious
gringo(s) - term used to describe a person, especially an American, who is not Hispanic or Latino
grita - s/he yells, screams
gritan - they yell, scream
grupo(s) - group(s)
guardo - I put away
guatemalteca - Guatemalan
guerra - war
guía - guide
gusta - is pleasing
   me gusta - it is pleasing to me (I like)
gustaba - was pleasing
   me gustaba - it was pleasing (I liked)
gustan - are pleasing
   me gustan - they are pleasing to me (I like)
gustaría - would like
   me gustaría - I would like

H

ha - s/he has (+ participle)
   ha hecho - has done
haber - have
habla - s/he speaks
hablaba - s/he spoke, was speaking

hablado - spoken
hablamos - we speak
hablan - they speak
hablando - speaking
hablar - to speak
hablarle - to speak to him/her
hables - you speak
hablo - I speak
hace - s/he, it makes, does
  hace _(time)_ - _time_ ago
hacemos - we do, make
hacen - they do, make
hacer - to do, make
hacerle - to make him/her
hacerme - here: asking me
haces - you do, make
hacia - toward
hago - I do, make
han - they have (+ participle)
  han ayudado - they have helped
has - you have (+ participle)
me has pedido - you have asked me
hasta - until
hay - there is, are
he - I have (+ participle)
  he practicado - I have practiced
hecho - made, did
helicópteros - helicopters
hermana(s) - sister(s)
hermano - brother
hermanos - brothers, siblings
hijo - son
hijos - sons, children
hizo - s/he did, made
hola - hello
hombre - man
hombres - men
hora(s) - hour(s)
horrible - horrible
hoy - today
huir - to flee
humano - human
humor - humor
huracán(es) - hurricane(s)
huyendo - fleeing

I

idea(s) - idea(s)
igual(es) - same
ilegalmente - illegally
imagino, me imagino - I imagine
importa - matters
   no importa - it doesn't matter
importante - important
imposible - impossible
impresiono - I impress
   les impresiono - I impress them
impuesto(s) - tax(es)
incidente - incident
incluyendo - including
incorrectas - incorrect, wrong
indocumentado(s) - undocumented
indulgentes - lenient
inestabilidad - instability
infancia - infancy
información - information
infraestructura - infrastructure
inglés - English
inmediatamente - immediately
inocente - innocent
instintuales - instinctual
instrucción(es) - instruction(s)
inteligente(s) - intelligent
interesantes - interesting
internet - internet
interpreta - s/he interprets
interrumpo - I interrupt
invierno - winter
invisibles - invisible
ir - to go

J

joven - young
jóvenes - young
juego - I play
jugando - playing
jugar - to play

juntos - together
justo - fair

L

lado - side
largo - long
las - the, them
leemos - we read
leen - they read
leer - to read
legal - legal
lejos - far
leo - I read
levantarme - to get up
levántate - get up
levanto - I raise
   me levanto - I get up
ley(es) - law(s)
libros - books
limbo - limbo, not being in one place or another
listo - ready
llama - s/he calls
llámame - to call me
llaman - they call
llamas - you call
llamo - I call
llamó - s/he called
llega - s/he arrives
llegados - arrived
llegamos - we arrive
llegan - they arrive
llegar - to arrive
llego - I arrive
llegué - I arrived
llevan - they bring
llevar - to bring
llevarme - to bring me
llevarnos - to bring us
llora - s/he cries
llorando - crying
llorar - to cry
lloro - I cry
lluvia - rain
local - local
logrado - achieved
los - the, them
lucha - struggle
luego - later
lugar(es) - place(s)

M

madre - mother
madrina - godmother
maestra - teacher
mal - badly
malas - bad

malo - bad
mamá - mom
mamás - mothers
mami - mommy
mañana - morning, tomorrow
mandar - to send
maneras - ways
mano - hand
mantener – to maintain
mara - gang
Mara salvatrucha notorious Salvadoran gang founded in Los Angeles, now operating in El Salvador and other parts of Central America
marcó - s/he marked
más - more
matamos - we kill
matan - they kill
matemáticas - math
mayor(es) - older
mayoría - majority
médicas - medical
médico - doctor
médicos -(adj.) medical

medio - middle
mejor - better
mencionan - they mention
menor(es) - younger
menos - less
mentalmente - mentally
mercado - market
merezco - I deserve
meses - months
mexicanos - Mexicans
mi - my
mí - me
mía - mine
miedo - fear
mientras - while
migra - immigration agents
migrantes - migrant
mil - one thousand
milagro - miracle
millas - miles
millones - millions
minutos - minutes
mira - s/he looks at, watches
mirando - looking, watching
miro - I look, watch
mis - my

misma(s) - same
misterio - mystery
momento - moment
monstruos - monsters
morenos - dark skinned
morir - to die
morirme - to die
motor - motor
mucha(s) - much, a lot
muchísimo - a LOT
mucho(s) - much, a lot
muerto - dead
muevas - you move
   no te muevas - don't move
muevo - I move
mujer - woman
mujeres - women
mundo - world
murieron - they died
muy - very

N

nací - I was born
nacieron - they were born
nada - nothing
nadar - to swim
naden - they swim
nadie - no one
Nashville - capital city of the state of Tennessee
naturales - natural
necesarias - necessary
necesario - necessary
necesitamos - we need
necesitan - they need
necesitar - to need
necesitas - you need
necesito - I need
negocio - business
negro - black
nervioso(a) - nervous
ni - neither, nor
Nicaragua - country in Central America
nieve - snow
niño(s) - child(ren)
no - no, don't
noche(s) - night(s)
nombre - name
normalmente - normally

norte - north
nos - to us, us
nosotros - we
nota(s) - grade(s)
noticia - news
nuestra(s) - our
nuevo(a) - new
números - numbers
nunca - never

O

obedecer - to obey
objetivo - objective
ocho - eight
ocurrió - it occurred
oficial(es) - official
oficina - office
ofrecer - to offer
oigo - I hear
ojos - eyes
olvidé - I forgot
opinión - opinion
oportunidad - opportunity

oportunidades - opportunities
órdenes - orders
orejas - ears
organizamos - we organize
organizar - to organize
origen - origen
orillas - banks (as in a river)
otro(a)(s) - other
oye - s/he hears

P

padre - father
padres - parents
pagan - they pay
pagar - to pay
pagas - you pay
país - country
países - countries
palabra(s) - word(s)
pandillas - gangs
pandilleros - gang members
panorama - panorama
pantalones - pants
papá - dad
papel - paper
para - for
parar - to stop
paren - they stop
parte(s) - part(s)
participar - to participate

participo - I participate
pasa - s/he spends, it happens
pasaba - s/he spent
pasado - past
pasamos - we spend
pasan - they spend, pass
pasar - to spend, pass
pasará - will happen
  me pasará - will happen to me
pasión - passion
paso - I spend, pass
pasó - s/he spent, passed; it happened
  te pasó - happened to you
patrulla - patrol
pedido - asked
pegan - they hit
pelo - hair
pena - pity
  vale la pena - it's worth the risk
pensado - thought
  ha pensado - s/he has thought
pensamientos - thoughts
pensamos - we think
pensar - to think
pequeño(a) - small
perfectamente - perfectly
periódico - newspaper
permanecemos - we stay, remain
permanecer - to stay, remain
permiso - permission
permite - s/he allows
pero - but
persona - person
personas - people
pide - s/he asks for
piensa - s/he thinks
piensas - you think
pienses - you think
pienso - I think
pierdo - I lose
piernas - legs
plan(es) - plan(s)
pobreza - poverty
poco - little (amount)
podemos - we can, are able
poder - to be able

policía - police
política - politics
popular - popular
por - for
porque - because
posible - possible
practicado - practiced
practicamos - we practice
pregunta(s) - question(s)
pregunta - s/he asks
preguntando - asking
preguntas - you ask
pregunté - I asked
pregunto - I ask
preguntón - inqusitive, nosy (here: asking a lot of questions)
premio(s) - award(s)
preocupa - s/he worries
preocupado(a) - worries
prepara - s/he prepares
preparado - prepared
preparando - preparing
prepararte - to prepare yourself
presenta - s/he, it presents
préstamos - loans
prestar - to borrow
pretende - s/he pretends
prevenir - to prevent
primaria - elementary
primer(o)(a) - first
principio - beginning
prisiones - prisons
privada - private
problema(s) - problem(s)
profesionales - professionals
profesora - teacher
profesores - teachers
programa - program
prohibo - I prohibit
pronto - soon
pronunciar - to pronounce
pronuncio - I pronounce
propio - own
protección - protection
próximo - next

psicológicas - psychological
psicólogo(s) - psychologist
pueblo - town
puedan - they are able
puedas - you are able
puede - s/he is able
pueden - they are able
puedes - you are able
puedo - I am able
puerta - door
pulgadas - inches

Q

que - that
qué - what
Quebrada Seca - small town in Honduras, near San Pedro Sula
quedamos,
  nos quedamos - we stay
quedaron
  se quedaron - they stayed
quedo
  me quedo - I stay
quedó
  se quedó - s/he stayed
quería - I, s/he wanted
querido - dear
quiere - s/he wants
quieren - they want
quieres - you want
quiero - I want
quinto - fifth

R

rápido - fast
rato - moment, while
razón(es) - reason(s)
real - real
realidad - reality
realmente - really
recibí - I received
recibir - to receive
reclutan - they recruit
recogerme - to pick me up
recogernos - to pick us up
recogerte - to pick you up

recuerdo - I remember
recursos - resources
refiero - I refer
regresa - s/he returns
regresar - to return
remodelaciones - renovations
(de) repente - suddenly
repite - s/he repeats
reportajes - reports
residencia - residence
respecto - respect
responde - s/he responds
responder - to respond
respondo - I respond
respuesta(s) - answer(s)
restaurante - restaurant
resto - rest
reunirse - to meet
riesgo - risk
río - river
rito - rite
rosado - pink
ruido - noise

S

sabe - s/he knows
saben - they know
sabes - you know
sacar - to take out
sacaste - you took out
sacó - s/he took out
sala - living room
sale - s/he leaves, goes out
salgo - I leave, go out
salida - exit
salió - s/he left, went out
salir - to leave, go out
salón - large room
saluda - s/he greets
saludo - I greet
salvatrucha (Mara Salvatrucha) - notorious Salvadoran gang founded in Los Angeles now operating in El Salvador and other parts of Central America
sangre - blood

sé - I know
sea - is
sean - are
secreto - secret
seguir - to follow
segundos - seconds
seis - six
semana(s) - week(s)
semestre - semester
señor - mister, sir
señora - missus, ma'am
separa, **se separa** - s/he, it separates
separan - they separate
ser - to be
servicios - services
servir - to serve
sesión - session
sesiones - sessions
severas - severe
si - if
sí - yes
siempre - always
sienta
   se sienta - she sits
sientan
   se sientan - they feel

siéntante - sit down
siento
   me siento - I feel
siete - seven
sigo - I follow
sigue - s/he, it follows
silencio - silence
similar(es) - similar
simpático(a) - nice
sin - without
sirven - they serve
sistema - system
situación - situation
sobre - about, over
sociales - social
soda - soda
sol - sun
sola - alone
solicitar - to solicit
solitos - alone
solo(s) - alone
sólo - only
solución - solution
sombrero - hat
somos - we are
son - they are
soñaba - I dreamed
soñado - dreamed
   he soñado - I have dreamed
sonrisa - smile

sorprende - s/he, it suprises
sorprendido - surprised
soy - I am
Sr. - abbreviation for Señor
su - his, her, their, your (formal sing. & plural)
súbanse - get on
subimos - we get on
subir - to get on
sucio(a) - dirty
suelo - ground
suena - it rings
sueño - I dream
sueño(s) - dream(s)
suerte - luck
suficiente(s) - sufficient, enough
supe - I knew
súper - super
superficiales - superficial
sus - his, her, their, your (formal sing. & plural)

T

tal - so
también - also
tampoco - either
tan - so
tanto(a)(s) - so much, so many
tarde(s) - late
tarea - homework
tecnología - technology
teléfono - telephone
temporal - temporary
tenemos - we have
tener - to have
tengo - I have
tenía - I had, s/he had
tenían - they had
terapeuta - therapist
tercio - third
termina - s/he, it ends
terminar - to finish
termines - you finish
termino - I finish
terremotos - earthquakes
texto - text
tía - aunt
tiempo - time
tiendas - stores
tiene - s/he has
tienen - they have

tienes - you have
timidez - shyness
tío - uncle
tíos - uncles, aunts & uncles
título - title
toca - s/he touches
   me toca a mí - it's my turn
tocar - to touch
toco - I touch (here: I knock)
toda(s) - all
todavía - still, yet
todo(s) - all
tomar - to take
tomo - I take
tormenta - storm
tornados - tornados
trabaja - s/he works
trabajan - they work
trabajando - working
trabajar - to work
trabajes - you work
trabajo - I work
trabajos - jobs
tradicional - traditional
tráfico - traffic
trajo - s/he brought
trámite - process
transportan - they transport
trata - s/he treats
trataron - they treated
trato - I treat
trauma(s) - trauma(s)
tres - three
triángulo - triangle
triste(s) - sad
tu(s) - your
tú - you
turbulenta - turbulent

U

último - last
un/a - a, an
unas(os) -some
único -only
unidos - united
   Estados Unidos - United States
uniformes - uniforms
universidad(es) - university(ies)
uno -one
usa - s/he uses
usar - to use
usted - you (formal)

V

va - s/he goes
vacaciones - vacations
vagas - vague
vale - it is worth
   vale la pena - it's worth the risk
vamos - we go
van - they go
varios(as) - various
vas - you go
veces - times, instances
vehículo(s) - vehicle(s)
ven - come (tú command), they see
vender - to sell
venir - to come
ventana - window
veo - I see
ver - to see
verano - summer
verdad - true
verdes - green
verificar - to verify
verlos - to see them
verme - to see me
verte - to see you
vez - time, instance
viaja - s/he travels
viajamos - we travel
viajan - they travel
viajar - to travel
viajas - you travel
viaje - trip, journey
viajo - I travel
vida - life
vidas - lives
viene - s/he comes
vienen - they come
viento - wind
vigilar - to guard, watch
violencia - violence
visita - s/he visits
visitar - to visit
visitarnos - to visit us
visto - seen
   he visto - I have seen
visto - dressed
   me visto - I get dressed
vive - s/he lives
viven - they live
vivimos - we live
vivir - to live
vivo - I live
vivos - alive
voy - I go

voz - voice
vuelvo - I return

Y
ya – already
yo - I

Z

Zetas -Mexican criminal cartel

ABOUT THE AUTHOR

Jennifer Degenhardt taught high school Spanish for over 20 years and now teaches at the college level. At the time she realized her own high school students, many of whom had learning challenges, acquired language best through stories, so she began to write ones that she thought would appeal to them. She has been writing ever since.

Titles by Jennifer Degenhardt:

La chica nueva | La Nouvelle Fille | The New Girl
La chica nueva (the ancillary/workbook volume, Kindle book, audiobook)
Chuchotenango
El jersey | The Jersey | *Le Maillot*
La mochila | The Backpack
Moviendo montañas
La vida es complicada
Quince
El viaje difícil | *Un Voyage Difficile*
La niñera
La última prueba
Los tres amigos | Three Friends | *Drei Freunde* | *Les Trois Amis*
María María: un cuento de un huracán | María María: A Story of a Storm | Maria Maria: un histoire d'un orage
Debido a la tormenta
La lucha de la vida | The Fight of His Life
Secretos
Como vuela la pelota

@JenniferDegenh1

@jendegenhardt9

@puenteslanguage &
World LanguageTeaching Stories (group)

Visit www.puenteslanguage.com to sign up to receive information on new releases and other events.

www.ingramcontent.com/pod-product-compliance
Lightning Source LLC
Chambersburg PA
CBHW060409050426
42449CB00009B/1940